AF219235

Impressum
Verlag: BABADADA GmbH, Nedderfeld 112 , 22529 Hamburg
Geschäftsführer / Verlagsleitung: Harald Hof
Druck: Books on Demand GmbH, In de Tarpen 42, 22848 Norderstedt

Imprint
Publisher: BABADADA GmbH, Nedderfeld 112 , 22529 Hamburg, Germany
Managing Director / Publishing direction: Harald Hof
Print: Books on Demand GmbH, In de Tarpen 42, 22848 Norderstedt

ليكول

colegio

القسم
aula
يقسم
dividir
186/2
لوحة
pizarrón
لاكور
patio de escuela
معلم
maestro
ورقة
papel
يكتب
escribir
ستيلو
birome
بيرو
escritorio
مسطرة
regla
كتاب
libro
تلميذ
alumno

كرطاب

mochila

المقلمة

caja de lápices

قلم الرصاص

lápiz

منجارة

sacapuntas

ممحا

goma (de borrar)

الكايي تاع الرسم

bloc de dibujo

الرسم

dibujo

البانسو

pincel

باتير

caja de pinturas

مقص

tijera

كولا

pegamento

كايي تاع التمارين

cuaderno de ejercicios

الواجبات

tarea

النيميرو

número

2+2

يجمع

sumar

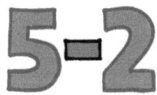

يطرح

restar

يضرب

multiplicar

يحسب

calcular

A

الحرف

letra

ABCDEFG
HIJKLMN
OPQRSTU
VWXYZ

الحروف

abecedario

كلمة

palabra

النص

texto

يقرا

leer

طباشير

tiza

الدرس

lección

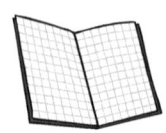

دفتر المدرسي

cuaderno de clase

ليقزاما

examen

سرتفيكا

certificado

اللبة تاع ليكول

uniforme escolar

التعليم

educación

ليكسيك

enciclopedia

الجاميعة

universidad

المجهر

microscopio

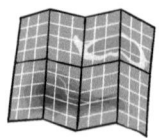

الخريطة

mapa

بوبال

tacho (de basura)

فواياج
viaje

اوتال
hotel
بيت الشباب
hostel
بيرة تاع الصرف
casa de cambio
فاليزة
valija
لولو
auto

اللغة ليقصدها

idioma

واه / لا

sí / no

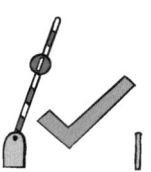

صحا

Está bien

مرحبا

hola

طرجمان

traductor

صحيت

Gracias

شعال السومة؟

¿cuánto cuesta...?

مفهمتش

No entiendo

مشكيلة

problema

مسلخير

¡Buenas tardes!

صباح لخير

¡Buenos días!

تصبح بخير

¡Buenas noches!

بسلامة

adiós

ديركسيو

dirección

الباقاج

equipaje

ساك

bolso

ساكادو

mochila

ضيف

invitado

شمبرا

habitación

ساك تاع رقاد

bolsa de dormir

خيمة

carpa

استعلامات سياحية

información turística

بجر

playa

كارطة ناع الكريدي

tarjeta de crédito

فطور الصباح

desayuno

الفطور

almuerzo

العشا

cena

البيي

pasaje

اسونسير

ascensor

تامبر

sello

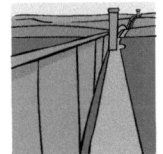

الحدود

frontera

الديوانة

aduana

سفارة

embajada

فيزا

visa

باسبور

pasaporte

نقل

transporte

طيارة
avión
بابور
barco
لبونبيا
autobomba
بيس
colectivo
كاميونة
camión
بوطي
lancha a motor
بيسكلات
bicicleta
لولو
auto

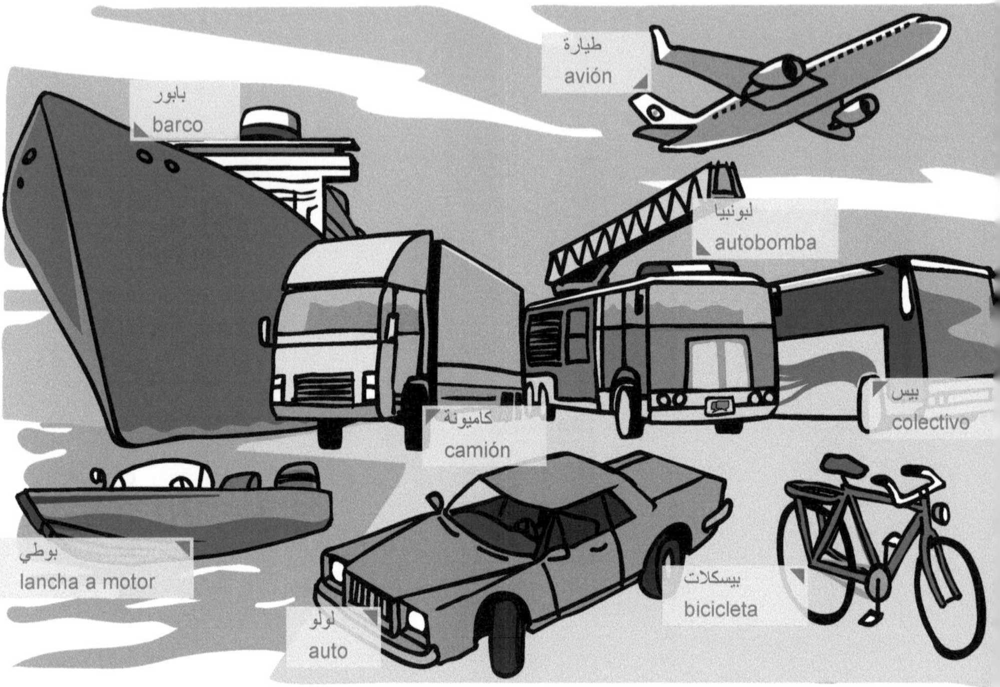

بابو
....
ferry

بوطي
....
bote

موطو
....
moto

لوطو تاع لابوليس
....
patrullero

لوطو تاع السيباق
....
auto de carreras

لوطو تاع كرية
....
auto de alquiler

لواطا تاع كرية

alquiler de autos

رومورك

grúa

كاميو تاع الزبل

camión de basura

موتور

motor

ليسونس

nafta

ستاسيون

estación de servicio

بانو

señal de tránsito

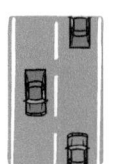

ترافيك

tránsito

سركالة

embotellamiento

باركينغ

estacionamiento

لاقار

estación de tren

السبيكة

vías

قطار

tren

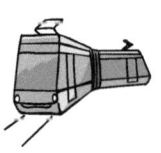

ترام

tranvía

فاغون

vagón

الیکبتار

helicóptero

مطار

aeropuerto

تور

torre

مسافر

pasajero

كونتنار

contenedor

كرطونة

caja de cartón

شاريو

carretilla

سلة

canasta

يقلع / يهود

despegar / aterrizar

مان

ciudad

قرية

pueblo

البلاد

centro de ciudad

دار

casa

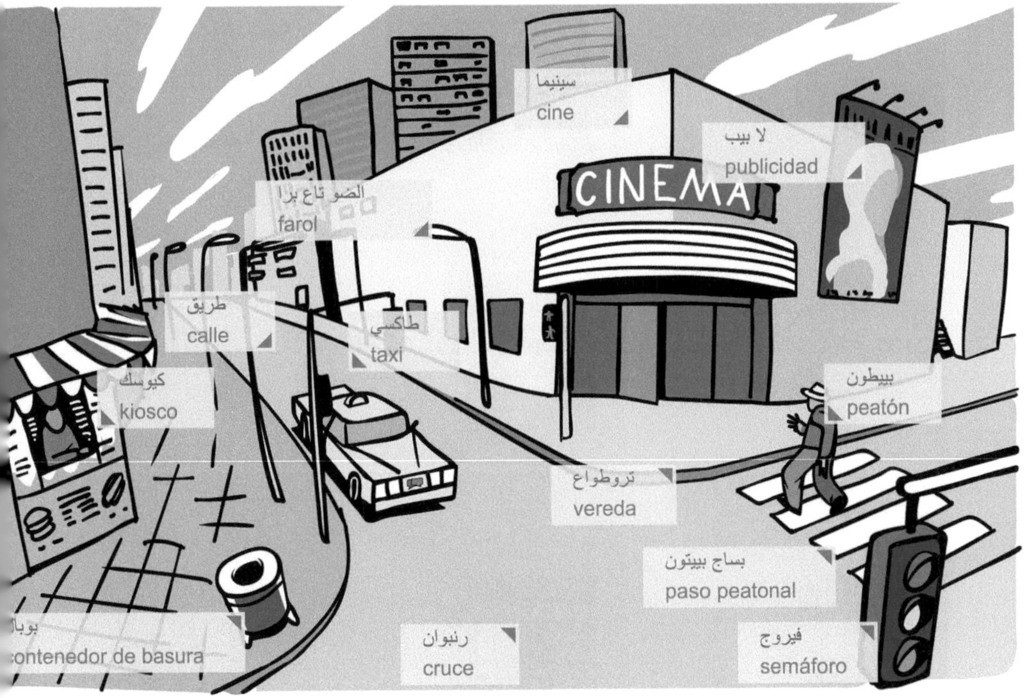

سينيما — cine

لا ييب — publicidad

الضوء قاع بزا — farol

طريق — calle

طاكسي — taxi

كيوسك — kiosco

بييطون — peatón

تروطواع — vereda

بساج بييتون — paso peatonal

يوبا — contenedor de basura

رنبوان — cruce

فيروج — semáforo

كوخ

cabaña

برطمان

departamento

لاقار

estación de tren

لاميري

municipalidad

متحف

museo

ليكول

colegio

الجاميعة

universidad

بانكة

banco

سبيطار

hospital

اوتال

hotel

فارماسي

farmacia

بيرو

oficina

مكتبة

librería

حانوت

negocio

فلوريست

florería

سوبرات

supermercado

مرشي

mercado

حانوت كبير

grandes tiendas

مسمكة

pescadería

سونتر كومرسيال

centro comercial

المينا

puerto

بارك
parque

بنك
banco

جسر
puente

درج
escaleras

ميترو
subte

تونال
túnel

لاري تاع البيس
parada del colectivo

بار
bar

مطعم
restaurante

صندوق البريد
buzón

البانوات
letrero

مقياس زمن الوقوف
parquímetro

حديقة حيوانات
zoológico

بيسين
pileta

جامع
mezquita

فيرما
granja

التلوث
contaminación

مقبرة
cementerio

قليزية
iglesia

بارك
juegos infantiles

معبد
templo

الريف

paisaje

ورقة
hoja

بانو
poste indicador

طريق
camino

مرج
pradera

حجرة
piedra

شجرة
árbol

رحالة
excursionista

نهر
río

حشيش
hierba

زهرة
flor

واد

valle

جبل

montaña

بحيرة

lago

غابة

bosque

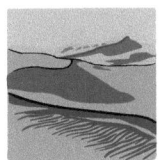

صحرا

desierto

بركان

volcán

شاطو

castillo

قوس قزح

arco iris

فطر

champiñón

نخلة

palmera

ناموسة

mosquito

ذبانة

mosca

نملة

hormiga

نحلة

abeja

رتيلة

araña

خنفوس

escarabajo

جرانة

rana

سنجاب

ardilla

قنفود

erizo

قنينة

liebre

بومة

lechuza

زاوش

pájaro

بجعة

cisne

حلوف

jabalí

عزالة

ciervo

إلكة

alce

سد

presa

الطاحونة

aerogenerador

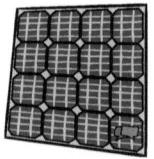

خلية شمسية

panel solar

كليما

clima

سارفور
mozo

المونيو
menú

كرسي
silla

بيتزا
pizza

سوبة
sopa

كوفار
cubiertos

ناب
mantel

اوردوفر
entrada

الطبق الرئيسي
plato principal

ديسار
postre

مشروبات
bebidas

ماكلة
comida

القرعة
botella

فاست فود

comida rápida

ماكلة نديه معايا

comida callejera

براد اتاي

tetera

سكرية

azucarera

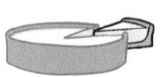

طرف

porción

ماشينة تاع اكسبريسو

cafetera expreso

كرسي عالي

sillita alta

فاتورة

cuenta

سني

bandeja

خدمي

cuchillo

فرشيطة

tenedor

مغيرفة

cuchara

مغيرفة تاع لاتاي

cucharita

سربيتة تاع الطابلة

servilleta

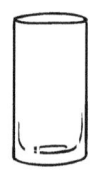

كاس

vaso

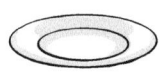

طبسي

plato

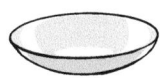

بول

plato hondo

طبسي تاع الفنجال

plato

لاصوص

salsa

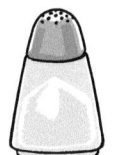

القوطي تاع الملح

salero

طحان تاع الحرور

molinillo de pimienta

خل

vinagre

زيت

aceite

ليزيبيس

especias

كتشوب

ketchup

موطارد

mostaza

مايونيز

mayonesa

سوبرات

supermercado

بروموسيو
oferta especial
cliente
مشتقات الحليب
lácteos
فاكية
fruta
شاريو
changuito

بوشي

carnicería

بولونجي

panadería

يوزن

pesar

خضار

verduras

لحم

carne

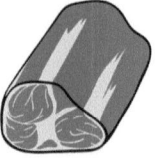

سيرجولي

alimentos congelados

كاشير
....
fiambres

كونسارف
....
alimentos enlatados

الاومو تاع لغسيل
....
detergente en polvo

الحلويات
....
golosinas

صوالح الدار
....
electrodomésticos

ديتارجو
....
productos de limpieza

فوندوز / خدامة فالحانوت
....
vendedora

لاكاس
....
caja

كاسسي
....
cajero

ليستا تاع الشري
....
lista de compras

سوايع الخدمة
....
horario de atención

تزداتم
....
billetera

كارطة ناع الكريدي
....
tarjeta de crédito

ساك
....
cartera

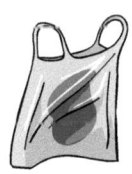

بورسة
....
bolsa de plástico

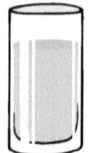

مشروبات

bebidas

الما

agua

جو

jugo

حليب

leche

كوكا

bebida cola

الشراب

vino

البيرة

cerveza

شراب

alcohol

كاكاو

cacao

لاتاي

té

قهوة

café

اكسبريسو

café expreso

كابوتشينو

cappuccino

بانانة
....
banana

تفاح
....
manzana

تشينا
....
naranja

بطيخ
....
melón

ليم
....
limón

كروطة / ززودية
....
zanahoria

ثوم
....
ajo

بانبو
....
bambú

بصل
....
cebolla

شانبينيو
....
champiñón

بندق
....
nueces

لييات
....
fideos

سباقيتي

tallarines

روز

arroz

سلاطة

ensalada

ليفريت

papas fritas

ليفريت

papas fritas

بيتزا

pizza

هانبورقر

hamburguesa

سندويش

sándwich

اسكالوب

churrasco

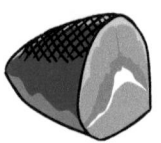

لحم الحلوف

jamón

سامي

salame

مرقاز

salchicha

جاجة

pollo

لحم مشوي

asado

حوت

pescado

شوفان

copos de avena

موسلي

muesli

كورن فلكس

copos de maíz

فرينة

harina

كرواسون

medialuna

خبيزة

pancito

الخبز / كسرة

pan

خبز محمر

tostada

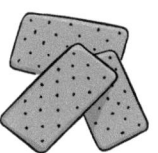

بيسكوي

galletitas

زبدة

manteca

لبن

cuajada

قاطو

torta

بيض

huevo

بيض مقلي

huevo frito

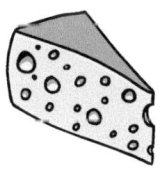

فرماج

queso

لاكرام

helado

سكر

azúcar

عسل

miel

كونفتير

mermelada

نوقا

pasta de chocolate

الكاري

curry

فيرما

granja

granja
مخزن
granero
رزمة تاع تبن
fardo de paja
حقل
campo
عود
caballo
قنطرة
remolque
جرار
tractor
مهر
potrillo
حمار
burro
كبش
oveja
خروف
cordero

معزة
cabra

بقرة
vaca

عجل
ternero

حلوف
cerdo

حلوف صغير
lechón

طورو
toro

وزة

ganso

بطة

pato

فلوس

pollo

جاجة

gallina

سردوك

gallo

طوبا

rata

قطة

gato

فأر

ratón

ثور

buey

كلب

perro

دار الكلب

cucha

تيبو

manguera

إبريق

regadera

منجل

guadaña

محراث

arado

منجل

hoz

الفاس

azada

مذراة الزبل

horquilla

شاقور

hacha

برويطة

carretilla

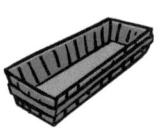

معلف

abrevadero

قابة تاع حليب

lechera

ساشيا

bolsa

سياج

reja

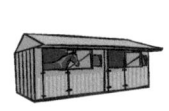

صطبل

establo

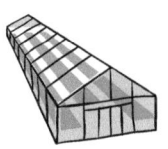

بوطاجي

invernadero

تراب

suelo

بذور

semilla

سماد

fertilizador

حصادة

cosechadora

يحصد

....

cosechar

الغلة

....

cosecha

بطاط

....

batatas

قمح

....

trigo

صويا

....

soja

بطاطا

....

papa

مايبس

....

maíz

سلجم

....

semilla de colza

شجرة تاع فاكية

....

árbol frutal

منيهوت

....

mandioca

الخبوب

....

cereales

دار

casa

شوميني
chimenea
سقف
techo
بالة
caño de desagüe
ventana
قاراج
garaje
timbre
باب
puerta
tacho de basura
بواطة تاع البرية
buzón
جاردان
jardín

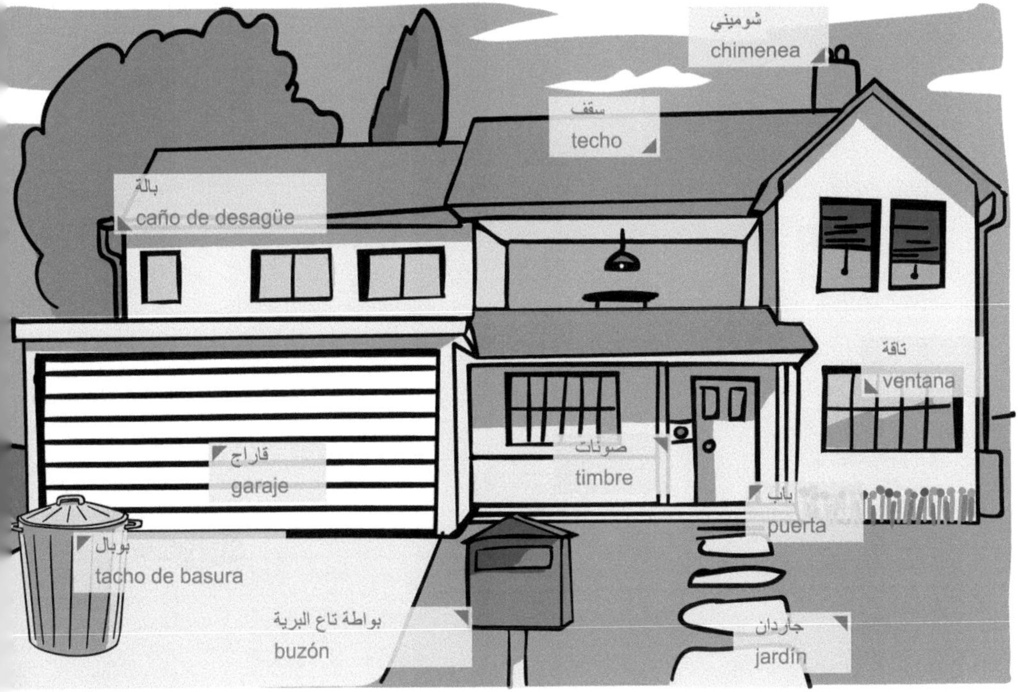

صالون
living

الحمام
baño

كوزينا
cocina

شامبرا تاع رقاد
dormitorio

شمبرا تاع ذراري
cuarto de los chicos

صالة مونجي
comedor

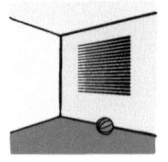

لرض

piso

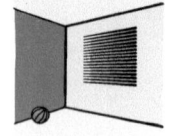

حيط

pared

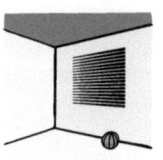

بلافو

cielorraso

كافا

sótano

سونا

sauna

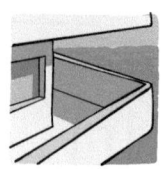

بالكون

balcón

تيراسة

terraza

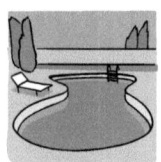

بيسين

pileta

جزارة تاع حشيش

cortadora de pasto

االوس

sábana

كووات

acolchado

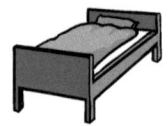

ناموسية

cama

مصلحة

escoba

بيدو تاع صليح

balde

انتغبتور

interruptor

ورق تاع حيطان
empapelado
تصويرة
imagen
لامبا
lámpara
ايتجار
estante
بلاكار
armario
تيفزيون
televisión
شوميني
chimenea
زهرة
flor
مخدة
almohadón
صافا
sofá
فاز
florero
تيليكومند
control remoto

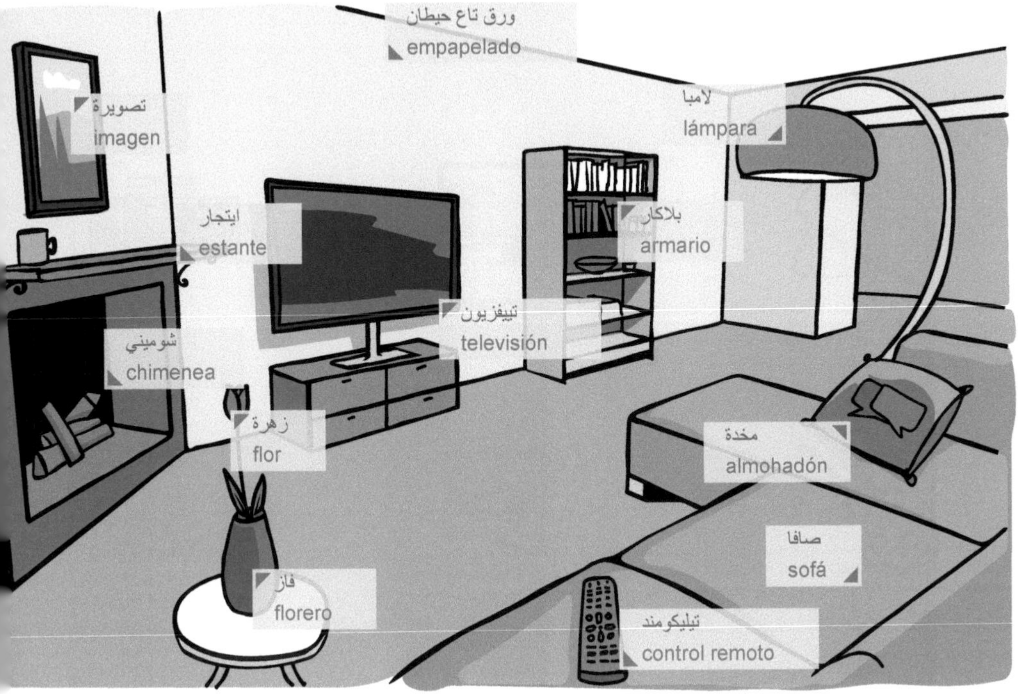

طابي

alfombra

ريدو

cortina

طابلة

mesa

كرسي

silla

كرسي يبوجي

mecedora

فوتاي

sillón

كتاب

libro

طوفيرطة

frazada

زواق

decoración

الحطب

leña

فيلم

película

الستيريو

equipo de música

مفتاح

llave

جرنان

diario

كادر

pintura

بوستار

póster

راديو

radio

كناش

cuaderno

اسبيراتور

aspiradora

صبار

cactus

شمعة

vela

كوزينا

cocina

heladera
ميكررند
microondas
ميزان تاع الكوزينة
balanza de cocina
غريبان
tostadora
ديترجون
detergente
فورنو
horno
فريجيدان
freezer
بوبال
tacho de basura
غسالة تاع ماعين
lavaplatos

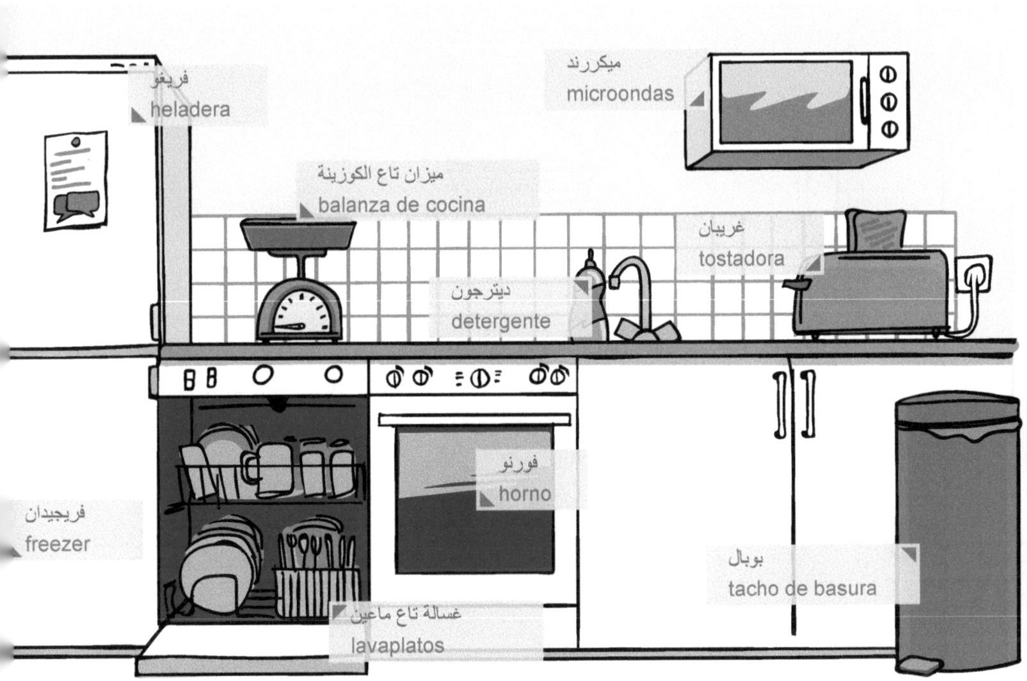

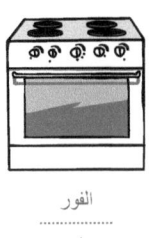

الفور

cocina

قدرة

olla

مرميطا

olla de hierro fundido

طاوة غامقة

wok

مقلة

sartén

غلاية

pava

قدرة

vaporera

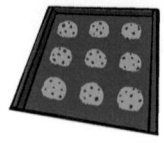

سني

bandeja de horno

ماعين

vajilla

قوبلي

taza

طبسي

bol

مطارق تاع الماكلة

palitos

لوشة

cucharón

سباتولة

estpátula

الضرابة

batidora

كسكاس

colador

صفاية

colador

راب

rallador

مهراز

mortero

شواية

parrilla

موقد

fogata

بلونشا

tabla de picar

رولو

palo de amasar

الحلال

sacacorchos

قابسة

lata

الحلال

abrelatas

كتان

manopla

لافابو

pileta

بروسة

cepillo

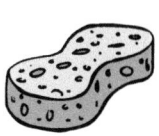

بونجة

esponja

الخلاط

batldora

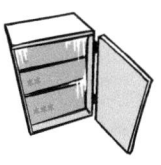

فريغو

congelador

بيبرونة

mamadera

سبالة

canilla

الحمام

baño

شوفاج
calefacción
سربيتة
toalla
دوش
ducha
ريدو تاع لادوش
cortina de ducha
حمام بالرغوة
baño de espuma
بنوار
bañadera
كاس
vaso
غسالة تاع حوايج
lavarropas
canilla
baldosas
لبو
pelela
لافابو
pileta

توالات

inodoro

توالات تركي

letrina

غسال الرجلين

bidé

مبولة

mingitorio

ورق تاع توالات

papel higiénico

بروسة تاع توالات

cepillo para el inodoro

بروسدون

cepillo de dientes

دونتفريس

dentífrico

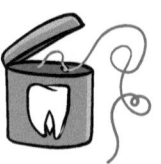

خيط السنان

hilo dental

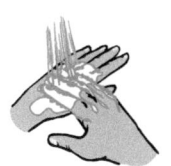

يغسل

lavar

دوشات تاع دوش

ducha de mano

دوشات

ducha higiénica

لافابو

palangana

بروسا تاع الظهر

cepillo para espalda

صابون

jabón

جال دوش

gel de ducha

شنبوان

shampoo

الحبل

toalllita

قادوس

desagüe

بومادة

crema

ديودورون

desodorante

مراية

espejo

مراة صغيرة

espejito

رازوار

maquinita de afeitar

لاموس

espuma de afeitar

كولون

aftershave

مشطة

peine

بروسة

cepillo

سشوار

secador de pelo

مثبت الشعر

spray

مكياج

maquillaje

روجالافر

lápiz de labios

فرني

esmalte para uñas

قطن

algodón

كوبنغل

tijera para uñas

ريحة

perfume

تروسة تاع حمام

portacosméticos

طابوري

banqueta

ميزان

balanza

بينوار

bata

ليغونات تاع النيتواياج

guantes de goma

تمبون

tampón

ليبوند

toallita femenina

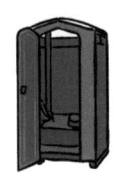

توالات

baño químico

شمبرا تاع ذراري

cuarto de los chicos

despertador
نونورس
peluche
لوطو جوي
coche de juguete
الخشخاش
sonajero
دار تاع بوبيات
casa de muñecas
كادو
regalo

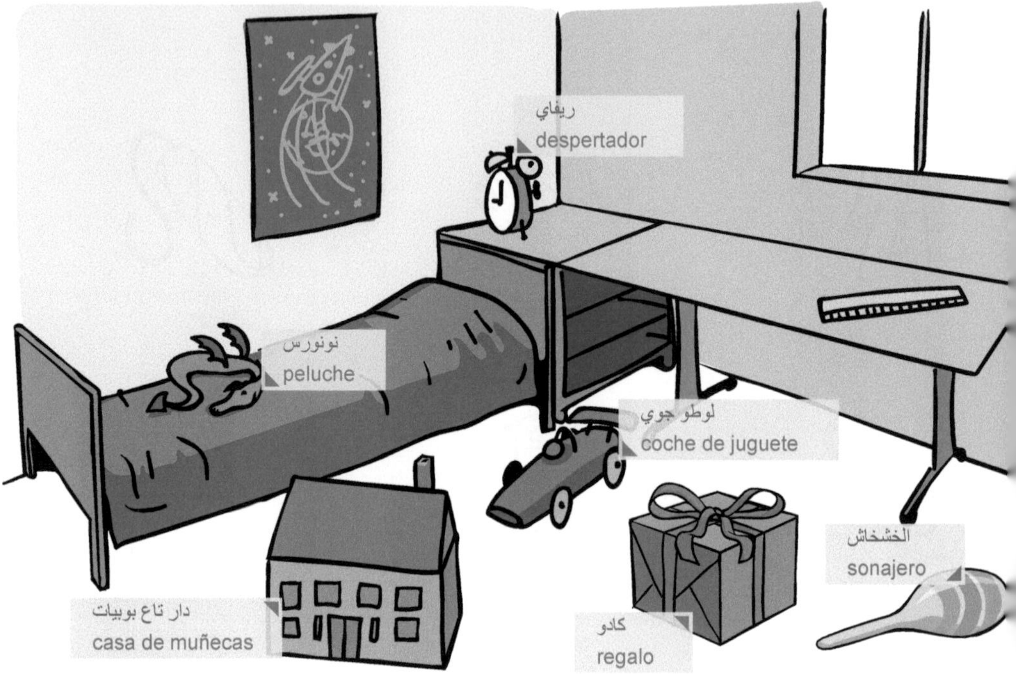

بالونة / نسافة

globo

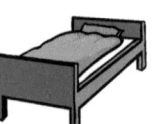

ناموسية

cama

بوسات

cochecito

الكارطة

cartas

البوزيل

rompecabezas

بوند ديسيني

historieta

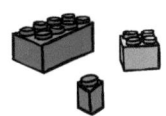

الليغو

piezas de lego

حجر يبنوه

ladrillos de juguete

بوبية

figura de acción

لبسة تاع البيبي

enterito (de bebé)

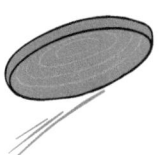

فريزي

frisbee

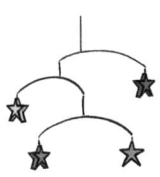

اللهاية

móvil para bebés

لعبة الطابلة

juego de mesa

الدي

dados

التران

tren eléctrico

سوسات

chupete

حفلة / الفيشطة

fiesta

كتاب بتصاوير

libro de cuentos ilustrado

بالون

pelota

بوبية

muñeca

يلعب

jugar

بارك بالرملة

arenero

بنصوار

hamaca

جوي

juguetes

منيطا

consola de videojuegos

بيسكلات

triciclo

دبدوب

osito de peluche

ماريو

armario

حوايج

ropa

تقاشر

medias

ليبا

medias panty

كولو

calzas

شال
bufanda

حزام
cinturón

paraguas

تريكو
remera

تينيسا / سبردينا
zapatillas

بوط
botas

بنتوفلا
pantuflas

صندالة

sandalias

صباط

zapatos

بوط بلاستيك

botas de goma

كالسون

ropa interior

سوتيان

corpiño

حويج تاع داخل

chaleco

لاسق على الجسم

body

سروال

pantalones

جين

jeans

جيبا

pollera

طابلية

blusa

قمجة

camisa

تريكو

pulóver

قارديقون

buzo

بلازار

blazer

فيستا

campera

بالطو

tapado

بالطو

piloto

كوستيم

traje

روبا

vestido

روب بلونش

vestido de novia

كوستيم
....
traje

شوميز دونوي
....
camisón

بيجاما
....
pijama

ساري
....
sari

حجاب
....
pañuelo para cabeza

عمامة
....
turbante

برقع
....
burka

قفطان
....
caftán

عباية
....
abaya

مايو
....
traje de baño

سروال تاع عوم
....
short de baño

شورت
....
shorts

لبسة تاع سبور
....
jogging

طابلية
....
delantal

ليقونات
....
guantes

قفلة

botón

نواظر

anteojos

براسلي

pulsera

سنسلة

collar

خاتم

anillo

منقوش

aro

بوني

gorra

سانتر

percha

شابو

sombrero

قرافاطة

corbata

غيمة

cierre

كاسك

casco

بروتال

tiradores

اللبة تاع ليكول

uniforme escolar

لينيفورم

uniforme

رياقة

babero

سوسات

chupete

ليكوش

pañal

بيرو

oficina

سارفر
servidor

خزانة تاع الملفات
archivero

ليكرون
monitor

ورقة
papel

امبريمانت
impresora

لاسوري
mouse

بيرو
escritorio

كلاسور
carpeta

كلافيي
teclado

كرسي
silla

بوبال
tacho (de basura)

اورديناتور
computadora

كاس قهوة

taza de café

كاكولاتريس

calculadora

لانترنت

internet

اوردیناتور

laptop

برية

carta

میساج

mensaje

بورطابل

celular

ريزو

red

فوطوكوبي

fotocopiadora

لوجسيال

software

تیلفون

teléfono

بريزة

tomacorriente

فاكس

fax

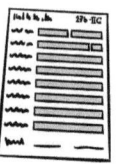

استمارة

formulario

وثيقة

documento

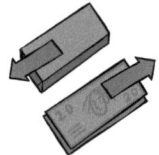

يشري

comprar

يخلص

pagar

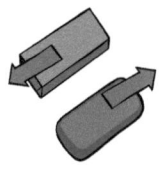

يتاجر

hacer negocios

دراهم

dinero

دولار

dólar

اورو

euro

ين

yen

روبل

rublo

فرنك سويسري

franco suizo

يوان

yuan

روبية

rupia

ديستريبيتور

cajero automático

بيرة تاع الصرف

casa de cambio

ذهب

oro

فضة

plata

نفط

petróleo

طاقة

energía

السومة

precio

عقد

contrato

طاكس

impuesto

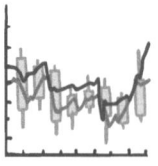

سهم

acción

يخدم

trabajar

خدام

empleado

مول الشي

empleador

وزين

fábrica

حانوت

negocio

الخدمة
ocupaciones

بوليسي
policía
بومبي
bombero
طياب
cocinero
الطبيب
médico
بيلوط
piloto

جرديني
....
jardinero

نجار
....
carpintero

خياط
....
modista

قاضي
....
juez

شيميك
....
farmacéutico

ممثل
....
actor

شوفير

colectivero

طاكسيور

taxista

صياد

pescador

خدامة

mucama

ماصو تاع الصقف

techista

سارفور

mozo

صياد

cazador

بنتار

pintor

خباز

panadero

الكتريسيان

electricista

ماصون

albañil

مهندس

ingeniero

بوشي

carnicero

بلومبي

plomero

فاكتور

cartero

جندي

soldado

ارشيتكت

arquitecto

كاسسي

cajero

بياع اورد

florista

كوافير

peluquero

الكنترول

cobrador

ميكانيسيان

mecánico

كابيتان

capitán

طبيب سنان

dentista

عالم

científico

حاخام

rablno

امام

imán

موان

monje

موان

sacerdote

ليزوتي
herramientas

مارطو
martillo
كلاب
tenaza
تورنفيس
destornillador
مفتاح
llave
تورشا
linterna

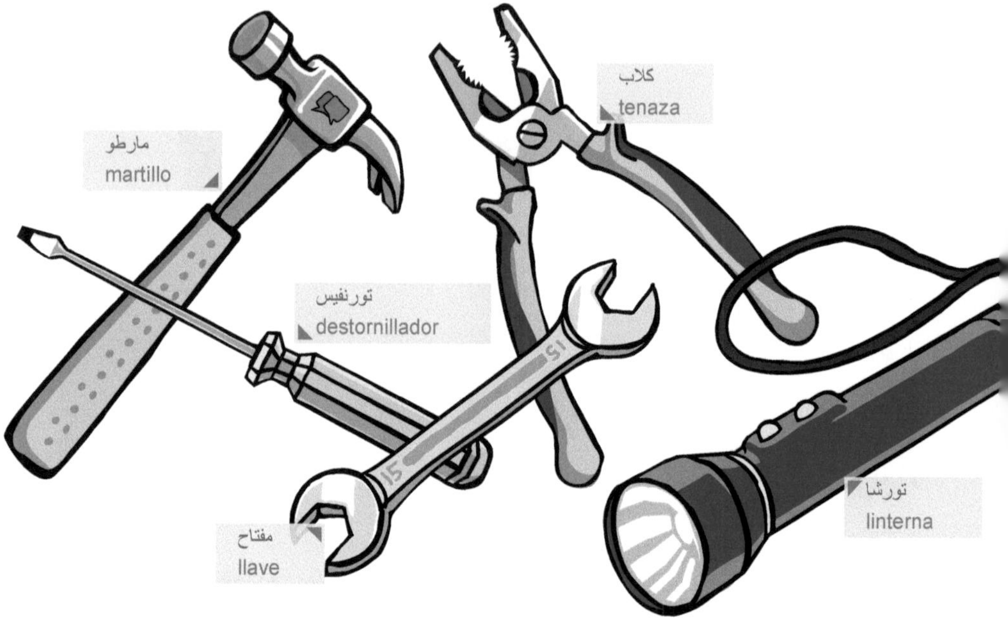

جرافة

excavadora

قايصة نتاع ليزوتي

caja de herramientas

سلوم

escalera portátil

منشار

sierra

مسامير

clavos

برسوز

taladro

يصنع

arreglar

البالة

pala de jardín

ياويلي

¡Qué bronca!

بالا

pala de plástico

بو تاع بنتورة

tacho de pintura

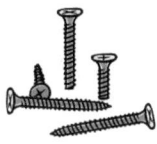

ليفيس

tornillos

آلات موسيقية

instrumentos musicales

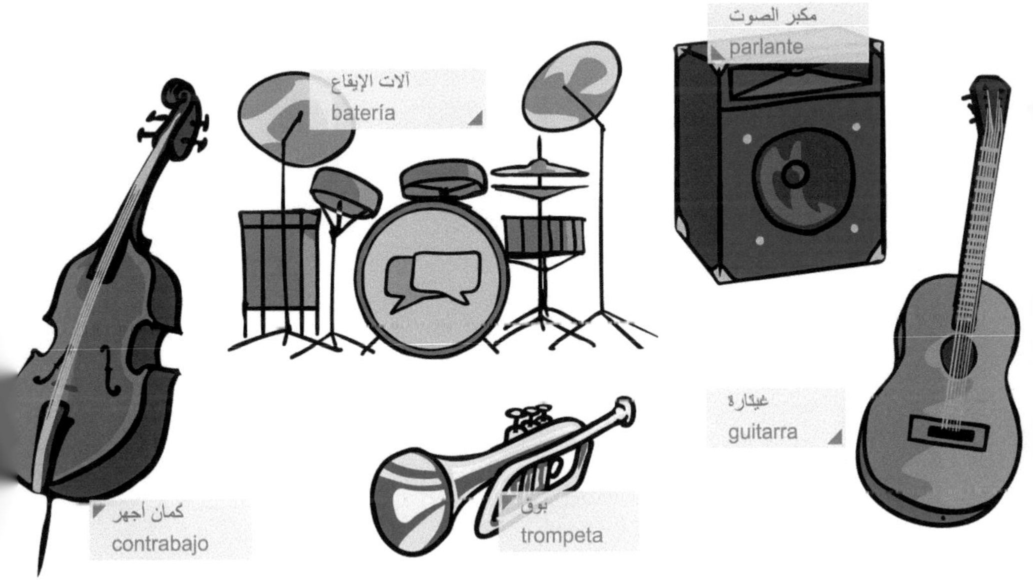

مكبر الصوت
parlante
آلات الإيقاع
batería
غيتارة
guitarra
كمان اجهر
contrabajo
بوق
trompeta

بيانو

piano

كمنجة

violín

جهير

bajo

طبل كبير

timbales

طبل

tambor

بيانو كهربائي

teclado

ساكسوفون

saxofón

ناي

flauta

ميكروفون

micrófono

آلات موسيقية - instrumentos musicales

حديقة حيوانات

zoológico

الدخلة
entrada
نمر
tigre
كاجا
jaula
حمار الوحش
cebra
علف للحيوانات
alimento para animales
باندا
oso panda

حيوانات

animales

فيل

elefante

كنغر

canguro

وحيد القرن

rinoceronte

غوريلا

gorila

دب

oso

جمل

camello

نعامة

avestruz

سبع

león

تشيطا

mono

فلامونغوز

flamenco

بيروكي

loro

دب قطبي

oso polar

بطريق

pingüino

سمك القرش

tiburón

طاووس

pavo real

لفعة

serpiente

تمساح

cocodrilo

عساس في حديقة الحيوان

cuidador del zoológico

عجل البحر

foca

نمر أمريكي مرقط

jaguar

فرس قزم
....
poni

نمر
....
leopardo

فرس النهر
....
hipopótamo

زرافة
....
jirafa

نسر
....
águila

حلوف
....
jabalí

حوت
....
pescado

فكرون
....
tortuga

حيوان فظ البحري
....
morsa

ثعلب
....
zorro

غزال
....
gacela

سبور
deportes

بالون اميريكا
fútbol americano
الركبة تاع البيسكلت
ciclismo
تينيس
tenis
باسكات
básquet
العوم
natación
هوكي
hockey sobre hielo
بوكس
boxeo

بالون
fútbol

الريشة الطائرة
bádminton

اتلاتيزم
atletismo

الهوند
handball

سكي
esquí

بولو
polo

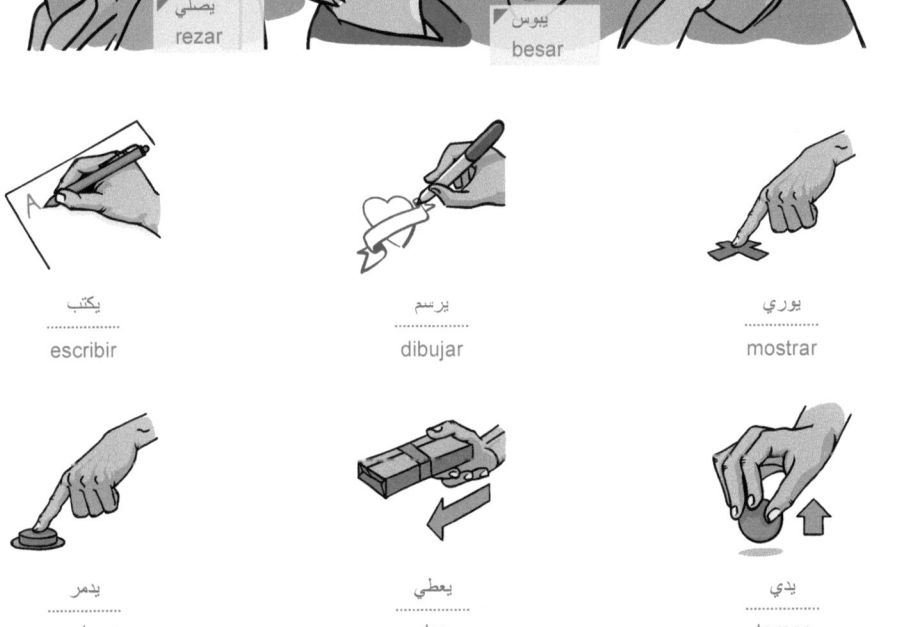

نشطات

actividades

يضحك
reír
ينقز
saltar
يعنق
abrazar
يمشي
caminar
يغني
cantar
ينوم
soñar
يصلي
rezar
يبوس
besar

يكتب

escribir

يرسم

dibujar

يوري

mostrar

يدمر

presionar

يعطي

dar

يدي

tomar

يملك

tener

يخدم

hacer

كاين

ser

يوقف

estar parado

يجري

correr

يجبد

tirar

يقيس / يرمي

tirar

يطيح

caer

يتكسل

estar acostado

يشوف

esperar

يرفد

llevar

يقعد

estar sentado

يلبس

vestirse

يرقد

dormir

ينوظ

despertar

يشوف في
mirar

يبكي
llorar

يحك
acariciar

يمشّط
peinar

يهدر
hablar

يفهم
entender

يسقسي
preguntar

يسمع
escuchar

يشرب
beber

ياكل
comer

يخمل
ordenar

يبغي
amar

يطيب
cocinar

يصوق
manejar

يطير
volar

يبحر بالفلوكة

navegar

يحسب

calcular

يقرا

leer

يتعلم

aprender

يخدم

trabajar

يتزوج

casarse

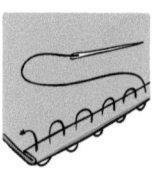

يخيط

coser

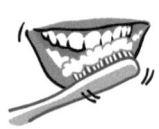

يغسل سنانو

cepillarse los dientes

يكتل

matar

يكمي

fumar

يرسل

enviar

لعايلة

familia

الحدة
abuela
الجد
abuelo
الاب
padre
madre
الذري
bebé
البنت
hija
الولد
hijo

ضيف
....
invitado

العمة / الخالة
....
tía

العم / الخال
....
tío

الخو
....
hermano

الخت
....
hermana

الجسم

cuerpo

الجبهة
frente
العين
ojo
الكتف
hombro
صبع
dedo
الوجه
cara
اللحية
pera
اليد
mano
الساق
pierna
الصدر
pecho
الذراع
brazo

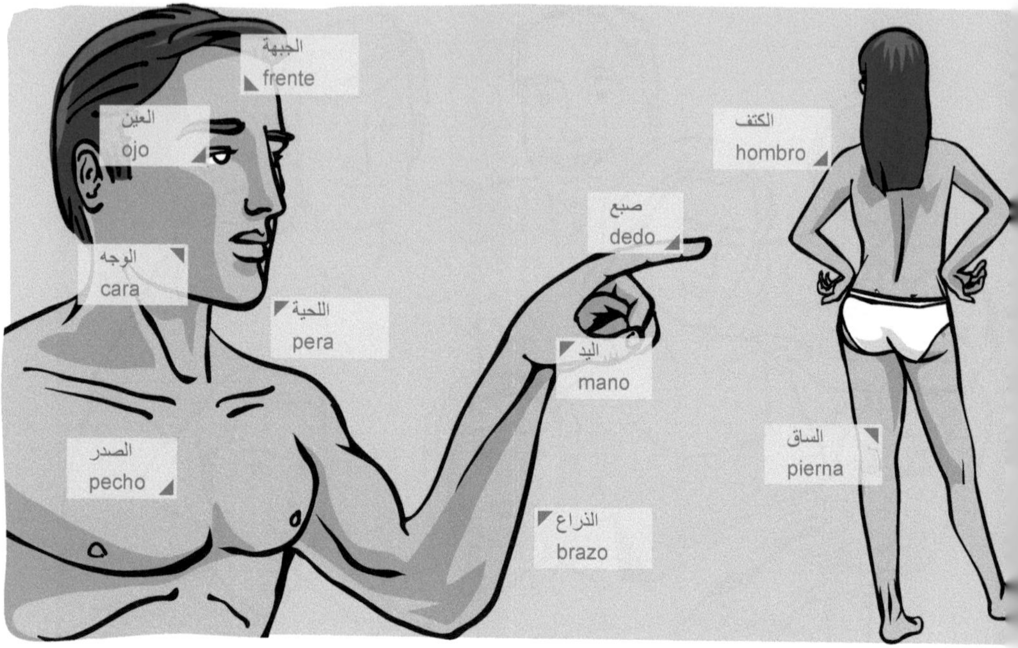

الذري

bebé

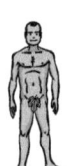

الراجل

hombre

المرا

mujer

الشيرة، الطفلة

nena

الشير

nene

الراس

cabeza

ظهر
....
espalda

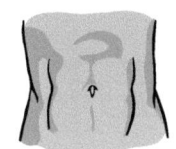

الكرش
....
panza

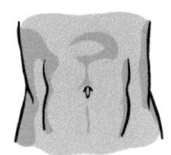

السرة
....
ombligo

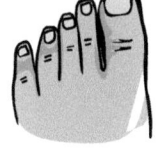

صبع
....
dedo del pie

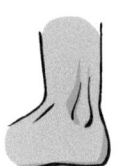

طالون
....
talón

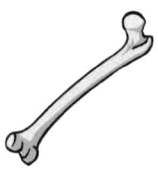

العظم
....
hueso

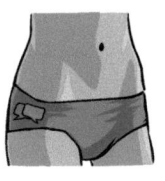

المرادف
....
cadera

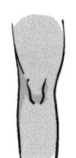

الركبة
....
rodilla

لمرفغ
....
codo

نيف
....
nariz

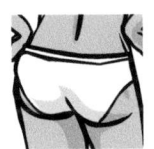

مصاصيط
....
cola

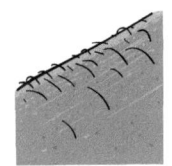

البشرة
....
piel

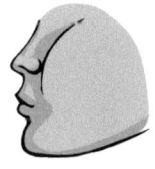

الحنوك
....
cachete

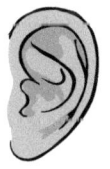

لوذن
....
oreja

شورب
....
labio

الفم

....

boca

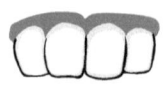

السنة

....

diente

السان

....

lengua

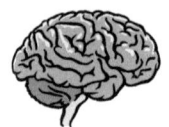

الدماغ

....

cerebro

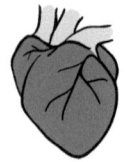

القلب

....

corazón

العضلة

....

músculo

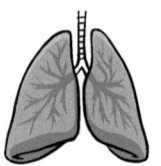

الرية

....

pulmón

الكبدة

....

hígado

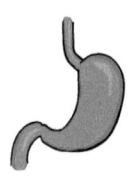

لسطوما

....

estómago

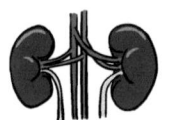

كلوى

....

riñones

رابور

....

sexo

بريزارفتيف

....

preservativo

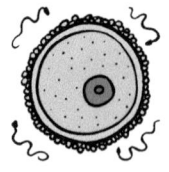

البويضة

....

óvulo

سبرم

....

semen

بلكرش

....

embarazo

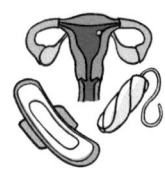

ليراغل

menstruación

المهبل

vagina

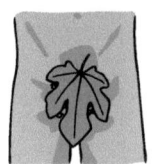

المذاكر

pene

الحاجب

ceja

الشعر

pelo

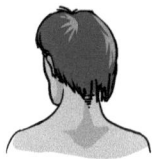

رقبة

cuello

سبيطار

hospital

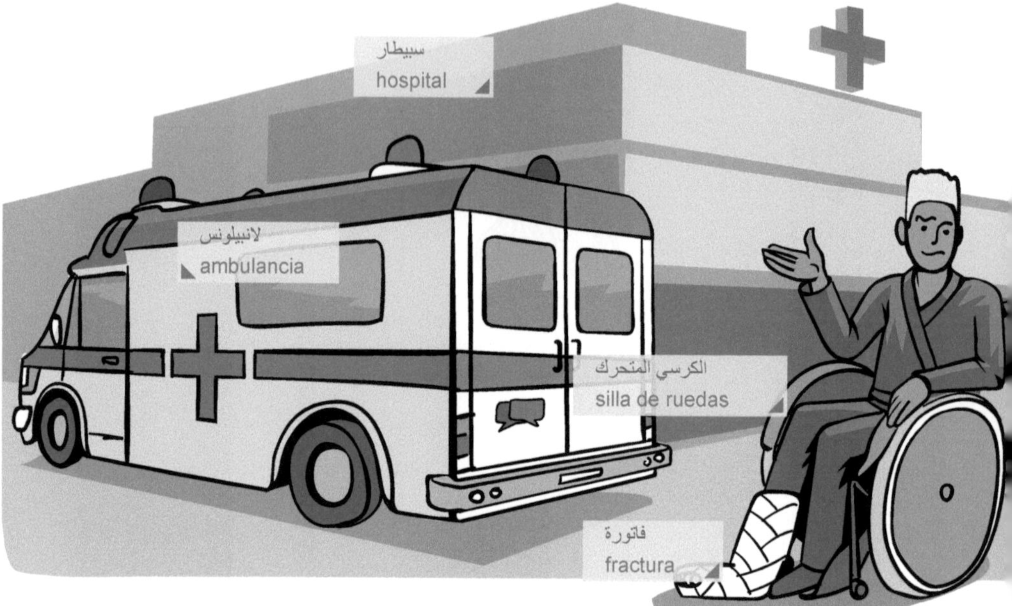

سبيطار
hospital
لانبيلونس
ambulancia
الكرسي المتحرك
silla de ruedas
فاتورة
fractura

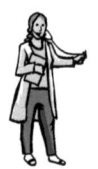

الطبيب

médico

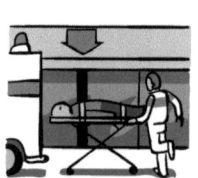

ليزيرجونس

sala de guardia

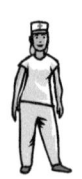

الممرضة

enfermera

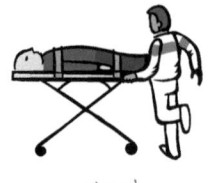

ليرجونس

emergencia

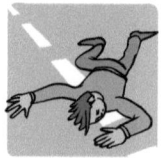

تغاشى

inconsciente

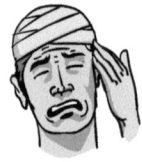

الوجع

dolor

الجرح

lesión

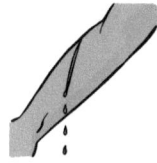

يسل الدم

hemorragia

القلب

infarto

لافيسي

ACV

لالرجي

alergia

الكحة

tos

الحمة

fiebre

لاقريب

gripe

الاسهال

diarrea

ميغران

dolor de cabeza

السرطان

cáncer

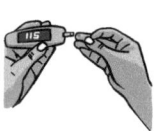

السكر

diabetes

الجراح

cirujano

مبضع

bisturí

عملية تاع القلب

operación

لاسيتي
TC

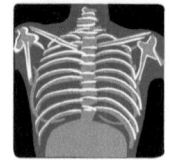

الراديو
rayos x

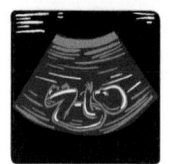

لولتخازون
ecografía

لماسك
barbijo

المرض
enfermedad

وين يقارعو
sala de espera

العكاز
muleta

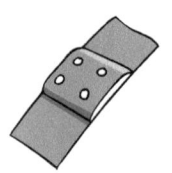

سكوتش
curita

لبانسما
venda

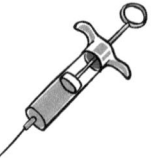

لبرة
inyección

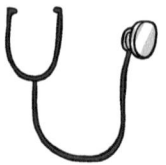

السماعة تاع الطبيب
estetoscopio

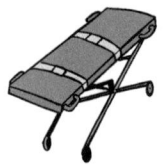

نقالة
camilla

لوزنو بيه الحمة
termómetro

زيادة
nacimiento

السمونية
sobrepeso

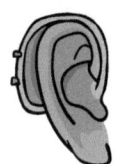

جهاز السمع

audífono

المعقم

desinfectante

لنفكسون

infección

الفيروس

virus

السيدا

VIH / SIDA

الدوا

remedio

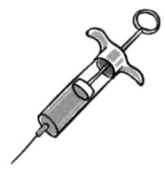

الفاكسان

vacunación

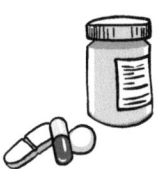

الدوا حب

comprimidos

بيلولة

pastilla anticonceptiva

يعيط للنجدة

llamada de emergencia

الجهاز ليقيسو بيه الدم

tensiómetro

مريض / صحيح

enfermo / sano

ليرجونس
emergencia

سلكوني
¡Ayuda!

لالارم
alarma

يتعدا
agresión

يهجم
ataque

دونجي
peligro

مخرج الطوارئ
salida de emergencia

النار شاعلة
¡Fuego!

لكستانتور
matafuego

اكسيدون
accidente

فيزة تاع الاسعاف الاولي
botiquín de primeros auxilios

سلكونا
SOS

لابوليس
policía

أوروبا

Europa

أمريكا الشمالية

América del Norte

أمريكا الجنوبية

América del Sur

أفريقيا

África

آسيا

Asia

أستراليا

Australia

المحيط الأطلسي

Atlántico

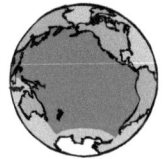

المحيط الهادي

Pacífico

المحيط الهندي

Océano Índico

المحيط المتجمد الجنوبي

Océano Antártico

المحيط المتجمد الشمالي

Océano Ártico

القطب الشمالي

polo norte

القطب الجنوبي

polo sur

منطقة القطب الجنوبي

Antártida

أرض

Tierra

بلاد

tierra

بحر

mar

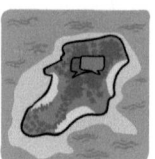

جزيرة

isla

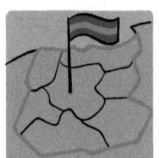

امة

nación

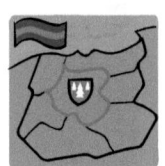

دولة

estado

ساعة

reloj

ميناء الساعة

esfera

عقرب الساعات

manecilla de las horas

عقرب الدقائق

minutero

عقرب الثواني

segundero

شعال راها الساعة؟

¿Qué hora es?

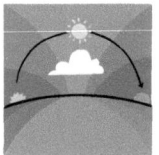

يوم

día

زمن

hora

دروك

ahora

ساعة رقمية

reloj digital

دقيقة

minuto

ساعة

hora

سيمانة

semana

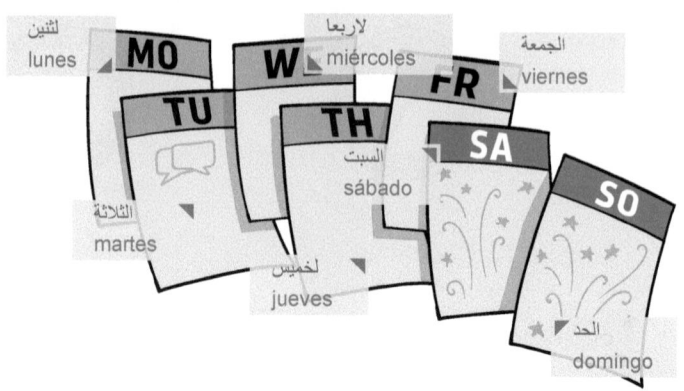

لثنين
lunes
MO
TU
الثلاثة
martes
W
لاربعا
miércoles
TH
لخميس
jueves
FR
الجمعة
viernes
SA
السبت
sábado
الحد
domingo

1

لبارح

ayer

2

اليوم

hoy

3

غدوا

mañana

صباح

mañana

القايلة

mediodía

العشية

tarde

MO TU WE TH FR SA SU
1 2 3 4 5 6 7
8 9 10 11 12 13 14
15 16 17 18 19 20 21
22 23 24 25 26 27 28
29 30 31 1 2 3 4

يامات الخدمة

días hábiles

MO TU WE TH FR SA SU
1 2 3 4 5 6 7
8 9 10 11 12 13 14
15 16 17 18 19 20 21
22 23 24 25 26 27 28
29 30 31 1 2 3 4

ويكاند

fin de semana

النو
lluvia
قوس قزح
arco iris
الريح
viento
ثلج
nieve
الربيع
primavera
الخريف
otoño
الصيف
verano
الشتا
invierno

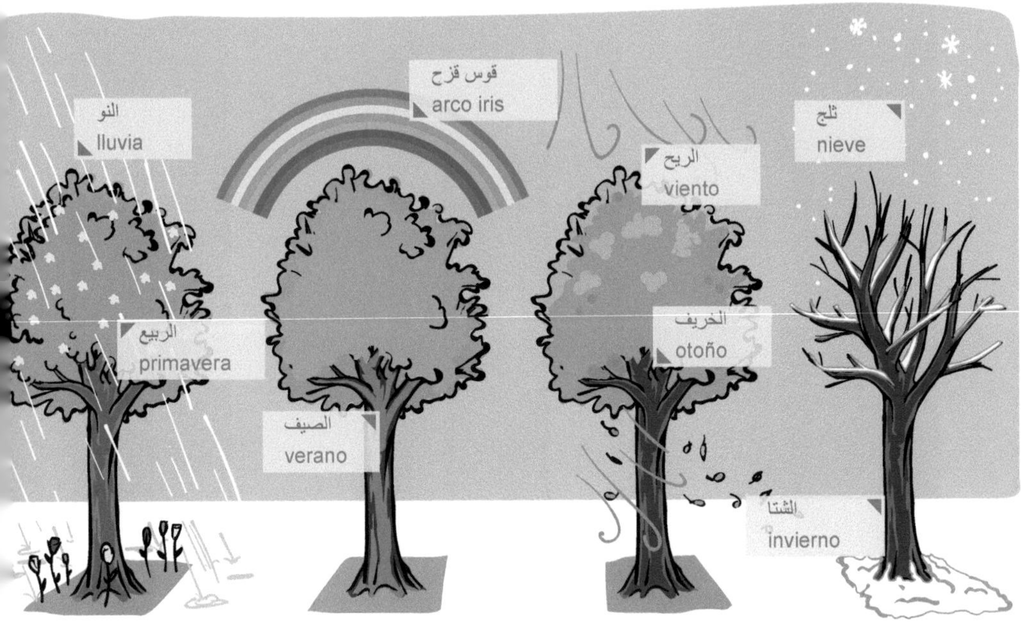

يتنبأ بالحال

....

ronóstico meteorológico

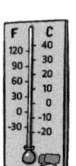

مقياس حرارة

....

termómetro

ضوء الشمس

....

luz del sol

سحابة

....

nube

ضباب

....

niebla

ميديتي

....

humedad

برق

rayo

رعد

trueno

عاصفة

tormenta

بَرَد

granizo

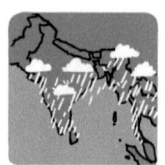

ريح

monzón

طوفان

inundación

جليد

hielo

جانفي

enero

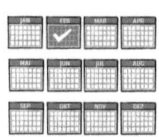

فيفري

febrero

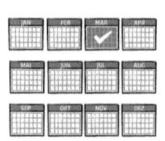

مارس

marzo

افريل

abril

ماي

mayo

جوان

junio

جويلية

julio

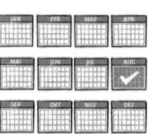

اوت

agosto

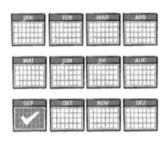

سبتمبر
....
septiembre

اكتوبر
....
octubre

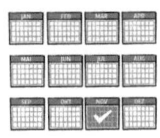

نوفمبر
....
noviembre

ديسمبر
....
diciembre

فورما

formas

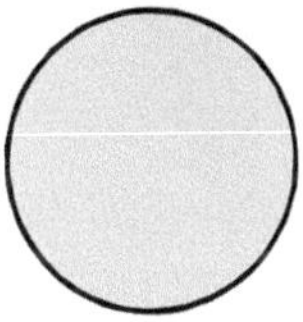

دويرة
....
círculo

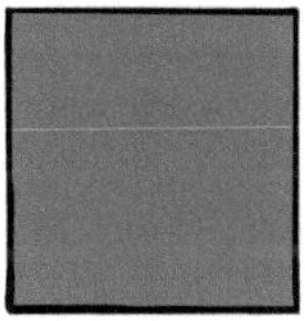

مربع
....
cuadrado

مستطيل
....
rectángulo

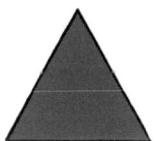

مثلث
....
triángulo

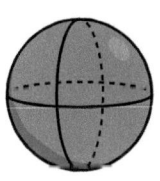

كويرة
....
esfera

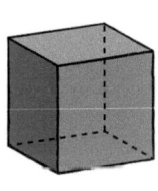

مكعب
....
cubo

الالوان

colores

بيض

....

blanco

صفر

....

amarillo

تشيني

....

naranja

روز

....

rosa

حمر

....

rojo

حلحالي

....

violeta

زرق

....

azul

خظر

....

verde

قهوي

....

marrón

قري

....

gris

كحل

....

negro

الضد
opuestos

بزاف / شوية
....
mucho / poco

زعفان / مكالمي
....
enojado / tranquilo

شباب / مشي شباب
....
lindo / feo

البدية / التالي
....
principio / fin

كبير / صغير
....
grande / chico

فاتح / فونسي
....
claro / oscuro

خو/ خت
....
hermano / hermana

نقي/ موسخ
....
limpio / sucio

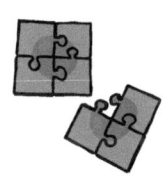

كامل / ناقص
....
completo / incompleto

نهار/ اليل
....
día / noche

ميت / حي
....
muerto / vivo

عريض / ضيق
....
ancho / angosto

يقدو ياكلوه / ميقدروش ياكلوه

comestible / no comestible

شرير / ناس ملاح

malo / amable

يثير/ يمل

entusiasmado / aburrido

سمين / رقيق

gordo / flaco

اللولا / التالية

primero / último

الصاحب / لعدو

amigo / enemigo

معمر/ فارغ

lleno / vacío

قاصح / سوبل

duro / blando

ثقيل / خفيف

pesado / liviano

جوع / عطش

hambre / sed

مريض / صحيح

enfermo / sano

غير شرعي / شرعي

ilegal / legal

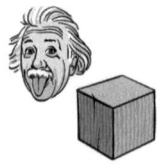

ذكي / مبوقل

inteligente / estúpido

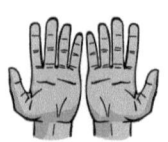

يسار / يمين

izquierda / derecha

قريب / بعيد

cerca / lejos

جديد / مستعمل

nuevo / usado

مكانش / شوية

nada / algo

شيباني / شاب

viejo / joven

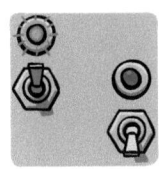

يشعل / يطفئ

encendido / apagado

محلول / مبلع

abierto / cerrado

بشوية / بلفور

silencioso / ruidoso

مرفح / زوالي

rico / pobre

نيشان / خاطيء

correcto / incorrecto

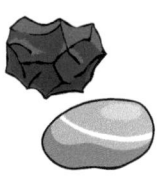

حرش / رطب

áspero / suave

زعفان / فرحان

triste / contento

قصير / طويل

corto / largo

بشوية / بلخف

lento / rápido

مشمخ / ناشف

mojado / seco

حامي / بارد

caliente / frío

القيرة / لامان

guerra / paz

نيميرويات

números

0	1	2
صفر	واجد	زوج
cero	uno	dos
3	4	5
تلاثة	ربعة	خمسة
tres	cuatro	cinco
6	7	8
ستة	سبعة	ثمانية
seis	siete	ocho
9	10	11
تسعة	عشرة	حداعش
nueve	diez	once

12

ثناعش

doce

13

تلطاعش

trece

14

رباطاعش

catorce

15

خمسطاعش

quince

16

سطاعش

dieciséis

17

سبعطتعش

diecisiete

18

ثمنطاعش

dieciocho

19

تساعطاش

diecinueve

20

عشرون

veinte

100

مية

cien

1.000

ألف

mil

1.000.000

مليون

millón

اللغات

idiomas

انقلي

inglés

انغلي تاع مريكان

inglés americano

لغة الشنوية

chino mandarín

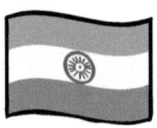

الهندية

hindi

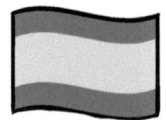

سبنيولية

español

الفرونسي

francés

العربية

árabe

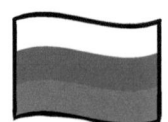

الروسية

ruso

البوتغالية

portugués

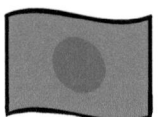

البنغالية

bengalí

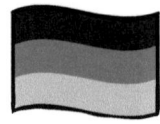

لالمنية

alemán

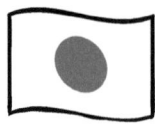

الجابونية

japonés

شكون / علاش / كيفاش
quién / qué / cómo

انا

yo

نتا

vos

هو

él / ella

حنايا

nosotros

نتوما

ustedes

هوما

ellos

شكون

¿quién?

واش

¿qué?

كيفاش

¿cómo?

وين

¿dónde?

وقتاش

¿cuándo?

الاسم

nombre

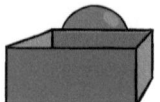

وين

dónde

مرول

....

detrás

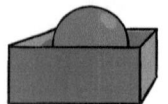

في

....

en

قدام

....

adelante de

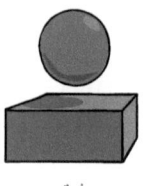

فوق

....

por encima de

على

....

sobre

تحت

....

debajo de

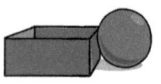

حدا

....

al lado de

بين

....

entre

بلاصة

....

lugar